Sr. Helga Winkel
Diakonissenmutterhaus Aidlingen (Hrsg.)
Herr, weil mich festhält deine starke Hand
Gebete, Lieder und Gedichte
der Diakonisse und Dichterin

SR. HELGA WINKEL
Diakonissenmutterhaus Aidlingen (Hrsg.)

Herr, weil mich festhält deine starke Hand

Gebete, Lieder und Gedichte
der Diakonisse und Dichterin

SCM
Hänssler

SCM

Stiftung Christliche Medien

Der SCM Verlag ist eine Gesellschaft der Stiftung Christliche
Medien, einer gemeinnützigen Stiftung, die sich
für die Förderung und Verbreitung christlicher Bücher,
Zeitschriften, Filme und Musik einsetzt.

2. Auflage 2017

© der deutschen Ausgabe 2017
SCM-Verlag GmbH & Co. KG · Max-Eyth-Straße 41
71088 Holzgerlingen
Internet: www.scm-haenssler.de
E-Mail: info@scm-haenssler.de

Umschlaggestaltung: Kathrin Spiegelberg,
Weil im Schönbuch
Titelbild: Sr. Regine Mohr
Bilder im Innenteil: Diakonissenmutterhaus Aidlingen
Satz: typoscript GmbH, Walddorfhäslach
Druck und Bindung: CPI books GmbH, Leck
Gedruckt in Deutschland
ISBN 978-3-7751-5766-7
Bestell-Nr. 395.766

Inhalt

Vorwort

Eine Woche vor ihrem Tod konnte ich Schwester Helga besuchen und mit ihr beten. Sie war hellwach und bat mich, ihre Schranktür zu öffnen. Dort standen in Reih und Glied mehrere Ringbücher im A5-Format. »Die bekommst alle du«, versprach sie mir. Ihre vielen Gedichte waren darin aufgeschrieben.

Damit hat Schwester Helga unserer Schwesternschaft einen Schatz anvertraut, den wir nicht für uns behalten, sondern mit Ihnen, liebe Leserinnen und Leser, teilen möchten.

Die Texte von Schwester Helga Winkel wirken wie ein geistliches Tagebuch, in dem sie in Worte fasst, was sie auf ihrem Weg der Nachfolge bewegte. Sie sind aus dem Bibellesen und Beten, aus dem Nachdenken und der erfahrenen Hilfe Gottes geboren. Es wird deutlich, dass sie in Herausforderungen und Schwierigkeiten nicht nur durchhalten, sondern sich vertrauensvoll an Gott halten wollte.

Je älter sie wurde, desto mehr rückte die Ewigkeit in ihren Horizont. Einen besonderen Ausdruck findet dies in dem Text und Lied: »Ewigkeit – Herrlichkeit«. Darauf lebte sie zu. Darauf freute sie sich.

Ihr Vertrauen zu Jesus Christus, ihre Treue in der Nachfolge und ihr Lob Gott gegenüber sind uns Ansporn und Vorbild.

Schwester Renate Kraus
Oberin
Aidlingen, im Juni 2016

Helga Winkel –
Diakonisse und Dichterin

Helga Winkel wurde am 4. Januar 1926 in Stuttgart geboren. Kurz zuvor, am Heiligen Abend, warteten die Mutter und ihr älterer Bruder, der fünfjährige Eberhard, auf den Vater. Die Mutter schmückte gerade den Weihnachtsbaum und stand auf der Leiter, als der Vater kam. Er hatte ein Geschenk für seinen Sohn dabei und eine bittere Nachricht für seine Frau: »Ich verlasse dich und die Kinder!« Anschließend packte er seine Sachen, fuhr weg und verlobte sich mit einem achtzehnjährigen Mädchen. Der Schmerz und Schock darüber sind nicht zu beschreiben. Nun musste die Mutter sehen, wie sie in wirtschaftlich schwieriger Zeit den fünfjährigen Sohn und das neugeborene Töchterchen durchbrachte.

Doch die Mutter erkrankte schwer. Aufgrund einer Rippenfellentzündung konnte sie die kleine Helga nicht stillen. Eine Krankenschwester pflegte die Mutter und versorgte das Baby mit Milch aus der »Kindermilchküche«. Dort konnte fertig zubereitete und abgekochte Kindernahrung in Flaschen abgeholt werden. Doch das Kind wurde immer schwächer, denn es erbrach heftig nach jeder Mahlzeit. Das kleine Wesen schwebte zwischen Leben und Tod. Glücklicherweise wurde die Ursache gefunden: Helga war versehentlich mit einer Milch für wesentlich ältere Babys versorgt worden. Als sie die richtige Nahrung bekam, erholte sie sich schnell.

Die Mutter fand nach ihrer Genesung bald eine Anstellung bei einer größeren Stuttgarter Bank. Dies war in der damaligen Zeit ungewöhnlich und wurde von der Familie als großes Wunder angesehen. Doch wie sollte Frau Winkel arbeiten gehen und zu Hause die kleinen Kinder versorgen? Diese Frage belastete sie schwer.

Hier kam der Schwäbische Frauenverein e. V. ins Spiel. Er war im Zuge der bürgerlichen Frauenbewegung im letzten Drittel des 19. Jahrhunderts entstanden. In Stuttgart hatten sich seit dem Winter 1872 einige Frauen damit beschäftigt, wie man »dem weiblichen Geschlecht zu einem würdigeren Dasein (…) verhelfen und der allerorts herrschenden Not entgegensteuern könnte«. Der Verein gründete bald zwei Kindergärten, einen Kinderhort und eine abendliche Kochschule. Außerdem wurde ein Mittagstisch angeboten.

Während Frau Winkel eines Tages dort aß, konnte sie ihre Tränen nicht mehr zurückhalten. Unaufhörlich tropften sie in die Suppe. Die Frauen des Vereins, die an diesem Tag Dienst hatten, setzten sich zu ihr und ließen sie von ihrer Not erzählen. Dann boten sie ganz pragmatisch an, die kleine Helga unentgeltlich im Kindergarten aufzunehmen und den Jungen im Hort. Viel später, als Helga Winkel schon Diakonisse war, erzählte sie, dass die Zeit in diesem Kindergarten sehr schön und lebendig für sie war. Und als sie selbst Kinderfreizeiten durchführte, hat sie sich an vieles erinnert, was für sie damals hilfreich war und sie geprägt hat.

Die Damen vom Frauenverein boten Helga Winkel später an, sie bei einer Ausbildung zur Kindergärtnerin zu unterstützen. Aber sie wollte lieber Lehrerin oder Bibliothekarin werden, mit möglichst vielen Büchern umgehen. Denn sobald sie lesen konnte, verschlang sie alles, was ihr in die Hände fiel. Sie fand auch den Schlüssel für den Bücherschrank des Bruders. Heimlich »lieh« sie sich seine Bücher aus, egal, ob Lederstrumpf oder Winnetou. Ebenso die Bücher der Mutter.

In der Schulzeit fragten sie die anderen Kinder: »Wo ist dein Vater?« Erst da ging ihr auf, dass es bei ihr zu Hause anders war als bei ihren Mitschülerinnen. Mit Blick auf diese Zeit, in der Helga Winkel um den abwesenden Vater trauerte und auch die Mutter oft nicht da sein konnte, schrieb sie: »Schon früh versuchte ich, weil ich einfach ein Ventil brauchte, meinen kindlichen Kummer in Versen auszudrücken. Das erste Gedicht, an das ich mich erinnern kann, trug die Überschrift: Das Leid. Da war ich vielleicht zehn Jahre alt. Ich besitze es leider nicht mehr.«

Aufgrund der bescheidenen Verhältnisse, in denen die kleine Familie lebte, lernte Helga früh, den Wert des Geldes zu schätzen. Am 15. jeden Monats bekam Frau Winkel ihr Gehalt. Dann schickte sie ihre Tochter mit der Miete zum Vermieter. Sie war immer traurig und entsetzt über »so viel Geld!«, das sie für die Wohnung abliefern musste.

Obwohl die Mutter jeden Pfennig zweimal umdrehte, stellte sie eine Haushaltshilfe ein. So war immer jemand daheim, wenn die Kinder von der Schule kamen. Sie sollten nicht als »Schlüsselkinder« aufwachsen. Die Wochenenden wurden mit schönen gemeinsamen Unternehmungen gefüllt.

Die Schatten der Naziherrschaft legten sich auch auf die kleine Familie. Zum Weltanschauungsunterricht der Nazis wechseln oder doch im Konfirmandenunterricht bleiben? Weder das eine noch das andere reizte Helga besonders. Sie blieb aber schließlich in ihrer Konfirmandengruppe, auch wenn die Klassenlehrerin ihrer Enttäuschung Luft machte: »Winkel, das hätte ich nie gedacht, dass du die Fahne deines Führers von dir wirfst.«

Bei der Konfirmation war Helga Winkel die Letzte im Alphabet und wurde als Letzte eingesegnet. Sie war aufgeregt. Dann hörte sie die Stimme des Pfarrers, der ihr zusprach: »Der Meister ist da und ruft dich.«

»Wohin ruft er mich?«, fragte sie sich spontan. Die Antwort sollte nicht allzu lange auf sich warten lassen. Als sie vom Jungmädel zum Bund Deutscher Mädchen »aufstieg«, konnte sie sich dem Zwang zur Teilnahme entziehen, indem sie in Stuttgart in einem Rundfunkchor mitsang. 1942 wechselte Helga Winkel von der Mittelschule in die Hölderlin-Oberschule und legte dort das hauswirtschaftliche Abitur ab. In dieser Zeit lernte sie Ruth Daimelhuber kennen – eine Freundin fürs Leben. Sie hatten den gleichen Schulweg, machten ihre Schularbeiten zusammen und beide hatten inzwischen ihr Leben Jesus anvertraut. Sie waren mit den Aidlinger Schwestern in Kontakt gekommen und gingen in der Danneckerstraße 48 A ein und aus. Dort boten die Schwestern Programme für Kinder und Jugendliche an sowie Bibelstunden für Erwachsene.

In der Zeit der Kriegsjahre, während des schweren Bombardements auf Stuttgart und des kurzen Reichsarbeitsdienstes, wurde Helga Winkel klar, dass »der Meister« sie nach Aidlingen ins Diakonissenmutterhaus rief, wo sie 1947 mit 21 Jahren als Diakonisse eingesegnet wurde. Bald darauf wurde sie in Kirchheim/Teck zur Krankenschwester ausgebildet.

Fünf Jahre nach der Einsegnung bekam Helga Winkel gesundheitliche Probleme. Niemand konnte die Ursache ihrer zunehmenden Kraftlosigkeit und lähmenden Müdigkeit erkennen. Zwar hatte sie keine Schmerzen, fühlte sich aber elend. Die Hilfe sollte durch einen Erholungsaufenthalt auf der »Tannenhöhe« kommen. Schwester Mechthild von Herff, eine begabte Musikerin, drückte ihr einige Notenblätter in die Hand mit der Bemerkung: »Spiel sie doch mal durch. Vielleicht fallen dir dazu einige gute Texte ein.« Eine Melodie gefiel Helga Winkel auf Anhieb und ein Text kam ihr ebenfalls dazu in den Sinn: »Herr, weil mich festhält deine starke Hand, vertrau ich still.« Sie schrieb dazu: »Ich litt unter einer großen Schwachheit, die ich nicht einordnen konnte. Für mich war es so schwer, andere bis in die Nacht arbeiten zu sehen, und ich war immer so am Rande. Durch den Text, den mir Jesus schenkte, wurde ich zuerst selbst beschenkt. Wie sehr hat mich – in der damals ›verhüllten Zukunft‹ – der Herr in die Schule des Vertrauens genommen. Die Bitte um seine ›Lammesart‹, wenn ich am liebsten die engen Grenzen gesprengt hätte, das Hinschauen auf ihn, das stetige und stille Vertrauen ist bis heute eine Sache immer neuer Übung für mich geblieben.«

Bald darauf wurde eine schwere Diabeteserkrankung bei Schwester Helga diagnostiziert, womit sich die Ursache ihrer körperlichen Beschwerden erklären ließ. Diese Erkrankung blieb bis zu ihrem Lebensende ihr »Begleiter« und hat sie oft an Grenzen geführt, die sie immer neu akzeptieren lernen musste.

Ihre dichterische Begabung wurde im Mutterhaus erkannt und gefördert. Eine Zeit lang schrieb sie jede Woche ein Gedicht. »War früher das Leid meiner Kindheit Anlass zu manchen Versen gewesen, so wurden jetzt Gottes Liebe, die Freude an meinem Vater im Himmel, an seinem Wort und an Jesus selbst der Grundton vieler Texte und Lieder.« Es entstanden Hunderte von Texten. Bis ins hohe Alter schrieb sie Gedichte und überraschte mit immer neuen Gedanken. Schwester Mechthild von Herff vertonte viele ihrer Gedichte, später übernahm Schwester Christel Schröder diese Aufgabe.

Dass sie die Gabe des Wortes hatte, trug weitere besondere Früchte: Von 1956 bis 1982 schrieb sie Auslegungen biblischer Texte für Kinder und Jugendliche, die im Aidlinger Jugend-Bibellese-zettel veröffentlicht wurden. Ihrer Mutter – inzwischen auf der »Tannenhöhe« im Ruhestand – diktierte sie die Auslegungen in den Stenogramm-block. Frau Winkel tippte die Texte dann druckreif auf der Schreibmaschine ab. Mutter und Tochter genossen diese gemeinsame produktive Zeit, in der sie sich mit geistlichen Themen beschäftigen konnten.

Im Jahr 1971 wurde Helga Winkel als Gemein-dekrankenschwester nach Stuttgart-Büsnau gesandt. Fünfzehn Jahre lang wirkte sie dort bei Kranken und Alten. Auf Spielplätzen erzählte sie Kindern biblische Geschichten. Mit anderen traf sie sich in ihrer Wohnung zur Jungschar. Es ist nicht verwunderlich, dass sie auch aus diesem Dienst »ein Gedicht« machte. Daraus einige Auszüge:

Es ist Morgen. Ich erwache.
Vor mir liegt ein langer Tag
und ich weiß nicht, was an Lasten
jede Stunde bringen mag,
was an Freuden und an Leiden
deine Hand bestimmt für mich.
Nur das eine weiß ich sicher:
Herr, mein Gott, ich brauche dich.

Nimm die letzten Müdigkeiten
nun von Aug und Ohren mir.
Lass mich deine Stimme hören
und ganz offen sein vor dir,
um den Segen zu empfangen,
den du durch dein Wort mir gibst,
und mit in den Tag zu nehmen,
dass du, Herr, mein Gott, mich liebst.

Herr, nun geh ich durch die Türe
und des Tages Lärm und Hast
greift nach mir wie jeden Morgen
und der Arbeit Füll und Last.

Hilf mir, dass ich im Gedränge
nicht den Einen überseh,
den du in den Weg mir sendest,
dass ich ihm zur Seite steh.

Du, Herr, kennst die vielen Häuser,
du siehst hinter jede Tür
und die Kranken, Schwachen, Alten
sind – wie ich – geliebt von dir.

Hilf, dass ich dem Leid des andern
mich nicht blind und taub verschließ.
Hilf mir, Wunden zu verbinden,
Herzen, die der Schmerz zerriss.

Mittwoch – Jungschar – erst die Kleinen,
Herr, leg auf sie deine Hand.
Mach doch alle ihre Herzen
für dein Wort zum guten Land.

Danke, Herr, auch für die Großen
und für ihre Offenheit.
Hilf mir, ihnen dich zu zeigen,
dein Wort, deine Herrlichkeit.

Herr, ich sitze vor dem offnen
Tagebuch und trage ein
alle Gänge dieses Tages
abends noch beim Lampenschein.
Lösche du aus deinem Buche,
was ich heut nicht recht getan,
und vergib, wo ich versagte.
Nimm dich meiner gnädig an.

Ihren Ruhestand verbrachte Schwester Helga Winkel zusammen mit anderen Aidlinger Diakonissen zunächst in Kohlberg auf der Schwäbischen Alb, dann auf der »Tannenhöhe« in Villingen im Schwarzwald, wo sie am 23. Februar 2016 in die ewige Herrlichkeit abgerufen wurde.

Doch ihr Vermächtnis lebt weiter: Zum Aidlinger Pfingstjugendtreffen finden sich seit vielen Jahren Tausende junger Menschen ein, um miteinander

Pfingsten zu feiern und fröhlich zu sein, das Wort Gottes zu hören und sich in Seminaren mit Themen des Lebens und Trends der Gesellschaft auseinanderzusetzen. Am 15. Mai 2016 hielt Stephan Münch, Mitbegründer des Projekts »Lebenstraum – das Jahr der Orientierung« in Uffenheim (Mittelfranken), ein Seminar zum Thema »Ich will mit Gott im Alltag leben«. Dabei erzählte er, dass er es sich angewöhnt hat, immer wieder ein stilles Wochenende einzulegen, an dem er zur Ruhe kommt, auf Gott hört und mit ihm spricht. Das tat er auch, als er sich in einer persönlichen Krise befand:

»Es gab eine Zeit, da war ich ziemlich am Ende. Es war, kurz bevor *Lebenstraum* gestartet hat. Ich habe damals ein Lied neu entdeckt, das heißt: ›Herr, weil mich festhält deine starke Hand, vertrau ich still‹. Wer von euch kennt das? – Oh, so viele? Wie cool ist *das* denn?!

Wisst ihr, was verrückt ist? Dieses Lied hat eine gewisse Schwester Helga Winkel aus Aidlingen 1952 gedichtet. Diese Schwester lebt nicht mehr, aber das Lied lebt. Als ich den Text gelesen habe, habe ich gedacht, wie unglaublich das ist! Jesus, deine starke Hand hält mich fest. Ich kann dir vertrauen, ich muss es nicht machen, du machst es. Das war ein sehr bewegender Moment. Gott hat mir mit diesem Lied eine ganz neue Sicht auf die

Dinge geschenkt. Ich bin dann nach Hause gefahren und die Verhältnisse waren genauso, wie sie vorher gewesen waren. Es hatte sich nichts verändert. Aber ich habe es ganz anders gesehen. Ich habe gewusst: Gott wird es machen.« (Zitiert aus dem Original-Mitschnitt des Seminars.)

Diese und mit ihr viele weitere Erfahrungen zeigen, dass Schwester Helgas Texte zeitlos sind und uns auch in unseren aktuellen Sorgen, Nöten und Fragestellungen Mut, Hoffnung und Trost schenken können.

Schwester Heidemarie Führer
»Tannenhöhe«, Villingen

Aus Hunderten von Gedichten von Schwester Helga Winkel (1926–2016) wurde die vorliegende Sammlung posthum ausgewählt. Die Titel der Gedichte stammen vom Herausgeber, ebenso die thematische Anordnung. Die Texte wurden an wenigen Stellen behutsam redigiert.

dir gehen.
n Wort,
spiel,
be und Hingabe
ns zu Menschen des Vertrauens.
kann uns das loslassen
, und von dir empfangen wir,
brauchen.
auen wir uns an.

1 Vertrauen

auf den
Wenn
so schön
Hört

Herr, weil mich festhält deine starke Hand

1. Herr, weil mich fest - hält dei - ne star - ke Hand, ver -

1. trau ich still. Weil du voll Lie - be

1. dich zu mir ge - wandt, ver - trau ich still.

1. Du machst mich stark, du gibst mir fro-hen Mut, ich

1. prei - se dich, dein Wil - le, Herr, ist gut.

Herr, weil mich festhält deine starke Hand,
vertrau ich still.
Weil du voll Liebe dich zu mir gewandt,
vertrau ich still.
Du machst mich stark, du gibst mir frohen Mut,
ich preise dich, dein Wille, Herr, ist gut.

Herr, weil ich weiß, dass du mein Retter bist,
vertrau ich still.
Weil du für mich das Lamm geworden bist,
vertrau ich still.
Weil ich durch dich dem Tod entrissen ward,
präg tief in mich, Herr, deine Lammesart.

Herr, weil du jetzt für mich beim Vater flehst,
vertrau ich still.
Weil du zu meiner Rechten helfend stehst,
vertrau ich still.
Droht mir der Feind, so schau ich hin auf dich,
ein Bergungsort bist du, o Herr, für mich.

Ist auch die Zukunft meinem Blick verhüllt,
vertrau ich still.
Seitdem ich weiß, dass sich dein Plan erfüllt,
vertrau ich still.
Seh ich nicht mehr als nur den nächsten Schritt,
mir ist's genug! Mein Herr geht selber mit.

Trau dich zu vertrauen!

Überlass das Morgen
und das Übermorgen
nur getrost dem Herrn.
Was dich schreckt – er hält's in Händen.
Er kann Not in Freude wenden
und erbarmt sich gern.

Fürchtest du dich? Bete!
Sag ihm deine Nöte,
der allmächtig ist.
Trau dem Wort, das er gesprochen!
Er hat's doch noch nie gebrochen,
der dich nicht vergisst.

Sag ihm deine Sorgen,
er wird dich versorgen,
wie nur er es kann.
Schau auf ihn – fang an zu danken,
das entreißt den Nachtgedanken
und des Kleinmuts Bann.

Gott will dich entlasten,
du darfst bei ihm rasten
aller Sorgen frei.
Er will nichts als dein Vertrauen.
Statt auf dich, zu ihm aufschauen
deine Sache sei.

Gott will Frieden schenken,
der nicht auszudenken,
nicht zu fassen ist.
Er will Herz und Sinn bewahren
vor des Sorgengeists Gefahren
ganz in Jesus Christ.

Philipper 4,6

Es wartet einer, der dich liebt

Streck deine Hände dem entgegen,
der Bittenden so gerne gibt.
Er füllt sie dir mit lauter Segen,
weil er dich unaussprechlich liebt.

Vertrau dem Schöpfer deines Lebens,
der sich in Jesus dir gezeigt,
denn nie kommst du zu dem vergebens,
der dir so innig zugeneigt.

O komm zu ihm, denn sein Erbarmen
umfasst auch dich und deine Not.
In weit, weit offnen Vaterarmen
schenkt volle Bergung dir dein Gott.

Der seinen Sohn für dich gegeben,
wie sollte der nicht für dich sein?
Das ungeteilte volle Leben,
der Himmel und Gott selbst sind dein.

Römer 8,32

Lauf ich zu Jesus hin!

Wär Jesu Liebe so wie meine,
sie wäre längst schon ausgebrannt,
doch keine Liebe hält wie seine
bis in die Nacht des Todes stand.

Wär Jesu Treue so wie Wellen
von jedem Windhauch schon bewegt –
auf welchen Grund sollt ich mich stellen,
der mich auch in den Stürmen trägt?

Wär Jesu Gnade und Erbarmen
nicht größer noch als meine Schuld, –
wo anders als in seinen Armen
fänd ich Vergebung und Geduld?

Tut mir ein Blick aus seinen Augen
ein solches Meer von Liebe auf –
was kann mir mehr zur Hilfe taugen,
als dass ich hin zu Jesus lauf?

Johannes 13,1

Sage ihm alles

Gib getrost in Jesu Hände
deines Lebens Not und Last.
Er bringt das zum guten Ende,
was du ihm gegeben hast.

Sage Jesus deine Sorgen
und was dich gefangen hält.
Der dein Heut kennt und dein Morgen,
gibt so gerne, was dir fehlt.

Leg dein Nichts nur vor ihm nieder
und vertraue seiner Macht.
Hat er denn nicht immer wieder
wunderbar dich durchgebracht?

Was dir mangelt, will er geben
nach dem Reichtum seiner Kraft.
Aus dem Nichts rief er das Leben –
glaub nur, dass er Hilfe schafft.

Seine Macht kennt keine Grenzen.
Was du noch nicht überschaust,
siehst du bald im Lichte glänzen,
wenn du dich ihm anvertraust.

Dass du arm bist, kann nicht hindern,
dass sein Reichtum überquillt
und, um deine Not zu mindern,
reichlich Herz und Hand dir füllt.

Rechne du nur mit dem Einen,
der so gern vermehrt und gibt.
Außer Jesus gibt es keinen,
der so segnet und so liebt.

Gott macht es gut

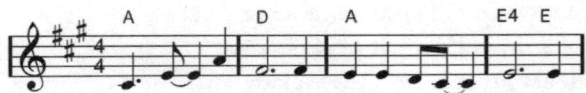

Gott macht es gut, weil er uns so sehr liebt und

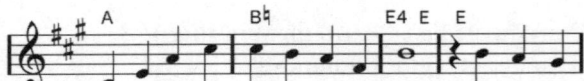

uns so gern das Al - ler - bes - te gibt. Zwar kön - nen

wir das oft nicht sehn und sei - ne We - ge nicht ver -

stehn, doch bleibt's da - bei, denn Gott ist

treu: Gott macht es gut. . . . . . .

Gott macht es gut, weil er uns so sehr liebt
und uns so gern das Allerbeste gibt.
Zwar können wir das oft nicht sehn
und seine Wege nicht verstehn,
doch bleibt's dabei, denn Gott ist treu:
Gott macht es gut.

Gott macht es gut – er lässt uns nicht allein,
mag mühsam oft der Weg und dunkel sein,
so ist Gott näher, als du denkst,
und deine Nöte kennt er längst.
Es bleibt dabei: Er ist uns treu,
Gott macht es gut.

Gott macht es gut. Vor ihm ist alles klar,
er bleibt derselbe, der da ist und war.
Was er in seinem Wort verspricht,
bleibt ewig stehn, er bricht es nicht.
Es bleibt dabei, denn Gott ist treu:
Gott macht es gut.

Gott macht es gut, und gut ist auch das Ziel,
das er mit dir und mir erreichen will.
Es lohnt sich immer, zu vertraun
und durchzuglauben bis zum Schaun.
Drum bleib dabei: Gott ist dir treu.
Gott macht es gut.

Hunderteinmal

Gib dir hundertundeinmal am Tag einen Ruck, dich nicht zu ängstigen, bis du die Gewohnheit angenommen hast, Gott den ersten Platz einzuräumen und deine Rechnung im Blick auf Ihn zu machen. Oswald Chambers (1874–1917)

Hunderteinmal froh vertrauen,
hunderteinmal aufwärtsschauen,
hunderteinmal nicht verzagen,
hunderteinmal mutig wagen.

Hunderteinmal fröhlich loben,
hunderteinmal Kopf nach oben,
hunderteinmal überwinden,
hunderteinmal weiterfinden.

Hunderteinmal siegreich stehen,
hunderteinmal vorwärtsgehen,
hunderteinmal täglich lieben,
hunderteinmal Langmut üben.

Hunderteinmal, Herr, ich bitte,
lenke du nun meine Schritte,
dass ich unverdrossen heute
leb und diene dir zur Freude.

dir gehen.
n Wort,
piel,
e und Hingabe
ns zu Menschen des Vertrauens.
ann uns das loslassen
; und von dir empfangen wir,
brauchen.
uen wir uns an.

2 Tag um Tag

auf den
Wenn
so schön
Hört

Morgenlicht

Gott, der du sprachst: »Es werde Licht!«
am Anfang aller Zeit,
lass leuchten doch dein Angesicht
auch über meinem Heut.

Sprich mir an diesem Morgen neu,
Herr, Licht und Leitung zu,
dass ich durch deine Gnad und Treu
gern deinen Willen tu.

Ich kann ja nur in deinem Licht,
mein Gott, geborgen sein,
und nur vor deinem Angesicht
sind Fried und Freude mein.

Drum lass mich, Herr, mein Gott, vor dir
in deinem Lichte stehn
und alle Schritte heut und hier
als Kind des Lichtes gehn.

1. Mose 1,3

Es gibt mehr als Arbeit

Mitten in des Tages Hasten
will ich, Heiland, bei dir rasten.
In der Unruh dieser Zeit
hast du Ruh für mich bereit.

Will die Arbeit mich erdrücken,
brauch ich nur auf dich zu blicken,
so strömt deine Kraft mir zu,
es gelingt mir, was ich tu.

Ja, so heb ich Herz und Hände
auf zu dir, der ohne Ende
mich in Liebe führt und hält
in der friedelosen Welt.

O, wie bin ich doch geborgen;
frei und ledig aller Sorgen,
folg ich meinem Vater blind
wie ein still vertrauend Kind.

Ganz im Frieden

Jesus hat mir zugesprochen –
er, der nie sein Wort gebrochen –
gültig heute, jetzt und hier:
Friede dir!

Schuld von gestern ist vergeben,
heute darf ich mit ihm leben,
heute gilt sein Zuspruch mir:
Friede dir!

Mitten in den Bangigkeiten,
die mich durch den Tag begleiten,
wird sein Wort zur Hilfe mir:
Friede dir!

Wenn wie Wellen graue Sorgen
überrollen schon den Morgen,
schenkt sein Wort die Rettung mir:
Friede dir!

Wenn auch ungelöste Fragen
ruhelos einander jagen,
Ruhe gibt sein Grußwort mir:
Friede dir!

Wenn die Nacht auch lange dauert,
Wege scheinen wie vermauert –
ist sein Wort mein Licht schon hier:
Friede dir!

So kann ganz getrost ich wandern,
denn von einem Tag zum andern
geht das Wort des Herrn mit mir:
Friede dir!

Daniel 10,19

Wenn der Tag sich neigt

Der Tag neigt sich zu Ende.
O Herr, in deine Hände
befehl ich Herz und Sinn.
Durch deine große Güte
mich diese Nacht behüte
zu einem neuen Morgen hin.

Hab Unrecht ich verübet
und dich, o Herr, betrübet,
lass es vergeben sein.
Erhöre du mein Bitten,
hüll mich in deinen Frieden,
lass mich in dir geborgen sein.

Ach stille alle Schmerzen,
richt auf gebrochne Herzen,
die Tränen trockne du.
Herr, schenk du allen Armen
dein göttliches Erbarmen,
deck sie mit deiner Liebe zu.

Geschenkte Zeit

Herr, das Gestern liegt zurück
und im Dunkel ist das Morgen –
was da kommt, bleibt mir verborgen.
Mein ist nur der Augenblick.

Unschätzbare Kostbarkeit,
immer neu von dir gegeben,
Gott, dass ich sie füll mit Leben,
die von dir geschenkte Zeit.

Zeit, dass ich sie füll mit Lob,
Zeit, dass ich auf alle Weise,
Vater, deine Liebe preise,
die mich aus der Tiefe hob.

Jeden Augenblick hilf mir,
ganz bewusst für dich zu leben,
dir mich ungeteilt zu geben
täglich, heute, jetzt und hier.

Hier und jetzt ist meine Zeit.
Hilf mir, sie nicht zu versäumen,
nicht in Selbstsucht zu verträumen
die von dir geschenkte Zeit.

2. Korinther 6,2

Auch in der Nacht bei Gott

Herr, bleib bei uns,
denn es will Abend werden.
Es dunkelt schon,
bald wird es Nacht auf Erden.
Herr, bleib bei uns.

Herr, bleib bei uns,
so wie du es versprochen.
Du hast dein Wort
den Deinen nie gebrochen.
Herr, bleib bei uns.

Herr, bleib bei uns,
das Dunkel zu erhellen,
wir könnten sonst
den rechten Weg verfehlen.
Herr, bleib bei uns.

Herr, bleib bei uns
und lass uns bei dir bleiben.
Nichts in der Welt
soll uns von dir vertreiben.
Herr, bleib bei uns.

Herr, bleib bei uns,
denn nichts kann uns geschehen,
wenn wir nur stets
an deiner Seite gehen.
Herr, bleib bei uns.

Herr, bleib bei uns
und lass uns dir anhangen,
bis endlich wir
mit dir ans Ziel gelangen.
Herr, ganz bei dir.

Lukas 24,29

Im Dunkeln, Herr

Im Dun-keln, Herr, bin ich al-lein mit dir....

Es ist ganz still, nur du sprichst jetzt zu mir...

Was laut war, schweigt, doch seh ich Bild um Bild...

des Ta-ges jetzt er-ste-hen un-ver-hüllt...

Was ich ge-dacht, ge-re-det und ge-tan,...

so vie-les, Herr, klagt in der Nacht mich an.

Im Dunkeln, Herr, bin ich allein mit dir.
Es ist ganz still. Nur du sprichst jetzt zu mir.

Was laut war, schweigt, doch seh ich Bild um Bild
des Tages jetzt erstehen unverhüllt.

Was ich gedacht, geredet und getan,
so vieles, Herr, klagt in der Nacht mich an.

Da leuchtet mir dein Kreuz im Dunkeln auf
und ruft und mahnt: Zu deinem Retter lauf!

So komm ich denn und leg den Tag zurück
in deine Hand mit Last und Leid und Glück.

Mit meiner Last, weil ich bei dir allein
Vergebung find und Angenommensein.

Mit meinem Glück, das mir den Tag erhellt,
dass nicht mein Dank für deine Liebe fehlt.

Nun ist es gut, dass nichts mich trennt von dir.
So schlaf ich ein und weiß: Du bist bei mir.

dir gehen.
 Wort,
spiel,
e und Hingabe
s zu Menschen des Vertrauens.
ann uns das loslassen
 und von dir empfangen wir,
brauchen.
uen wir uns an.

3 Staunen über
Gottes Schöpfung

auf den
Wenn
so schön
Hört

Hier wird nicht gezählt

Gott ist ein Gott der Fülle,
er teilt nicht kärglich aus.
Es predigt seine Schöpfung
davon weltein, weltaus.

Wohin den Blick wir wenden:
Ein jedes Ährenfeld
und jede bunte Wiese
spricht: Hier ward nicht gezählt!

Vieltausendfaches Blühen
im Frühling uns erfreut,
von Gottes Vaterhänden
in Fülle ausgestreut.

So lasst uns ihm vertrauen,
der gerne reichlich gibt.
Gott ist ja unser Vater,
der seine Kinder liebt.

Er, der die Welt erschaffen,
mit reichem Schmuck versehn,
er weiß auch uns zu geben
mehr, als wir je verstehn.

Jeremia 31,14

Alles redet von dir, Herr

Herr, dass du licht bist, sagen mir die Sterne
und Mond und Sonne, deiner Finger Werk.
Gott, dass du schön bist, sagen mir die Blumen,
von deiner Größe redet jeder Berg.

Von deinem Reichtum künden Ährenfelder
und Bäume, die von reifen Früchten schwer.
Von deiner Ruhe raunen stille Wälder,
von deiner Weite rauscht und braust das Meer.

Herr, von der Zartheit deiner Künstlerhände
erzählt mir jedes kleine Käferlein,
und jedes süße Vogellied am Morgen
will mir ein Gruß des Herrn der Töne sein.

Doch dass in deinen ausgestreckten Armen
am Kreuz, o Herr, ich deine Liebe seh,
dass ich mich bergen darf in dein Erbarmen –
ich glaub's gebeugt, auch wenn ich's nicht versteh.

Psalm, 8,4.5

Einfach wunderbar

Herr des blauen Sommerhimmels,
Herr der sonndurchglühten Weiten,
Herr der kleinen bunten Vögel,
die zum Flug die Schwingen breiten –
Gott, dass du mich liebst – fürwahr,
das ist einfach wunderbar.

Herr der heißen Mittagsschwüle
und der Wolken voller Regen,
Herr der menschenreichen Städte,
Herr der Rast an stillen Wegen –
Gott, dass du mich liebst – fürwahr,
das ist einfach wunderbar.

Herr der blitzenden Juwelen,
die zu mitternächtger Stunde
in des Weltalls dunklen Tiefen
aufglühn in erhabner Runde –
Gott, dass du mich liebst – fürwahr,
das ist einfach wunderbar.

Herr der Tage kleiner Dinge,
Herr der großen Augenblicke,
Herr der Fäden meines Lebens
und der bunten Weltgeschicke –
Gott, dass du mich liebst – fürwahr,
das ist einfach wunderbar.

Herr, der meine frohen Stunden
kennt und die verborgnen Tränen,
Herr, der mich berührt und tröstet
und erfüllt mein tiefstes Sehnen –
Gott, dass du mich liebst – fürwahr,
das ist einfach wunderbar.

*(frei übersetzt nach »Brooding Blue«
von Amy Carmichael)*

Mein Gott, wie groß ist dein Erbarmen

Mein Gott, wie groß ist dein Er-bar-men!

In dei-nen aus-ge-streck-ten Ar-men

ist im-mer noch ein Platz für mich.

Von dei-ner Lie-be un-ge-schie-den

hab ich Ge-bor-gen-heit und Frie-den.

Mein Gott und Herr, ich prei-se dich,

mein Gott und Herr, ich prei-se dich.

Mein Gott, wie groß ist dein Erbarmen!
In deinen ausgestreckten Armen
ist immer noch ein Platz für mich.
Von deiner Liebe ungeschieden
hab ich Geborgenheit und Frieden.
Mein Gott und Herr, ich preise dich.

Mein Gott, wie groß ist deine Treue.
Unwandelbar und stets aufs Neue
ist mir dein Antlitz zugewandt.
Du warst und bist der ewig Gleiche,
an Gnade und Erbarmen Reiche,
und nichts entreißt mich deiner Hand.

Mein Gott, wie groß ist dein Vermögen,
wie unaussprechlich reich dein Segen,
der in mein kleines Leben fließt!
Dass mir nur nichts den Blick verbaue,
dass ich nur allzeit dir vertraue,
der du mein Gott und Vater bist.

Mein Gott und Herr, ich darf es wagen
und zu dir *lieber Vater* sagen,
in deiner Liebe glücklich sein.
Wie lässt das Angst und Sorgen schweigen,
weiß ich ja doch: Ich bin dein Eigen,
weil du mir zusprichst: »Du bist mein.«

dir gehen.
n Wort,
piel,
e und Hingabe
is zu Menschen des Vertrauens.
ann uns das loslassen
; und von dir empfangen wir,
brauchen.
uen wir uns an.

4 Festzeiten
Weihnachten –
Jahreswechsel –
Karfreitag – Ostern

auf den
Wenn
so schön
Hört

Weihnachtslied

Aus des Himmels Herrlichkeit
neigte Gott sich zu uns Armen.
Hell durchstrahlt nun unsre Zeit
seine Gnade, sein Erbarmen.
Denn in Jesus ist erschienen
volles Heil der ganzen Welt
und ein ewiges Versühnen
jedem, der zu ihm sich hält.

Sünde, Jammer, Not und Tod
muss dem Sieg der Liebe weichen.
Ja, es fand der ewge Gott
eine Rettung ohnegleichen.
Seht ihn eine Brücke schlagen
von dem hohen Himmelszelt
und den Weg der Liebe wagen
in die tief gefallne Welt.

Öffnet eure Herzen weit
einer solchen Liebe Werben.
Folgt dem Ruf zur Herrlichkeit
in das Leben aus dem Sterben.
Seht, in Jesus, seinem Sohne,
reicht Gott selber uns die Hand,
und der Weg zu seinem Throne
wird zum Weg ins Heimatland.

Unser Erdenleid in Gottes Erbarmen

Es hat in unsre Erdennacht
die Liebe Gottes Licht gebracht,
und von der Krippe dringt ein Strahl
durch Sündennot und Sündenqual.

Ein Lichtglanz ewger Herrlichkeit
verklärt nun alles Erdenleid,
da Gott sich zu den Sündern neigt
und ihnen sein Erbarmen zeigt.

Das Wort ward Fleisch! Wie wunderbar
ward die Verheißung Gottes wahr!
Er wählte sich die Niedrigkeit,
hob uns empor zur Herrlichkeit.

Wir beugen uns vor deiner Lieb,
die dich in unser Elend trieb,
o Gottessohn, du Licht der Welt,
das unsre Erdennacht erhellt.

Das größte Geschenk

O Gottessohn, du Licht der Welt,
du heißest Wunderbar
und Friedefürst, Rat, Kraft und Held,
der ewig ist und war.

O Gottessohn, der Himmel ist
durch dich mir aufgetan.
In deinem Namen, Jesus Christ,
nimmt mich der Vater an.

Du wurdest arm und schenktest mir
des Himmels Reichtum ganz.
Du kamst ins Dunkel, ich dafür
in lauter Licht und Glanz.

Du meines Gottes Wundergab,
für immer bist du mein,
und was ich Armer bin und hab,
das soll dein Eigen sein.

Dein Eigentum! Von dir geliebt,
wie ich's nicht fassen kann.
O Liebe, die sich selber gibt,
dich bet ich ewig an.

2. Korinther 8,9

Werden und Vergehen

Die uferlose Ewigkeit
nahm auf das alte Jahr,
indes aus Gottes Hand die Zeit
ein neues uns gebar.

Wir Menschen sind hineingestellt
ins Werden und Vergehn.
Gäb's Einen nicht, der fest uns hält,
wie könnten wir bestehn?

Der Eine ist für unsern Blick
der Punkt, der nimmer weicht,
bis unser ruhelos Geschick
in ihm die Ruh erreicht.

Drum wandern wir, fürs Ziel bereit,
hinein ins neue Jahr,
das unaufhaltsam uns die Zeit
aus Gottes Hand gebar.

Im Wechselspiel der Zeiten

Gott, du bist treu.
Im Wechselspiel der Zeiten,
wenn morgen fällt, was heute steht,
bist du allein der Fels der Ewigkeiten,
der niemals wankt noch untergeht!

Gott, du bist treu,
und was dein Wort verheißen,
das löst du ohne Rückhalt ein.
Wie sollte dich nicht all mein Innres preisen,
in dir nicht ruhn und glücklich sein?

Gott, du bist treu.
Selbst wenn durch mein Versagen
ich dich betrübte oft und viel,
du gibst nicht auf, es doch mit mir zu wagen,
mir neu zu zeigen Weg und Ziel.

Gott, du bist treu,
und deine Hände halten
mich fest an jedem neuen Tag.
Du lässt mich nicht – ich traue deinem Walten
und deiner Treu, was kommen mag!

1. Korinther 10,13

Dankbarer Rückblick

Schau ich zurück auf all die Wunderwege,
auf denen mich geführt hat deine Hand,
gedenk ich all der Liebe, all der Pflege,
die du, o Vater, an dein Kind gewandt –
zieht tiefer Dank mich auf die Knie vor dir:
Mein Gott, ja alles, alles bist du mir!

Und schau ich aufwärts, steht der Himmel offen,
weil ihn mein Jesus für mich aufgetan.
Ich darf mit Zuversicht und frohem Hoffen
dem Throne und dem Herzen Gottes nahn.
Bedenk ich dies, so muss ich knien vor dir
und dankend preisen: Alles bist du mir!

Gekrönt seh ich mein Leben mit Erbarmen,
mit Gnade überschüttet und erfüllt,
heimatberechtigt in den offnen Armen
des Vaters, den mein Jesus mir enthüllt.
Anbetend knie ich, o mein Gott, vor dir
und weiß nur eines: Alles bist du mir!

Frohlockend darf ich das Geheimnis sehen,
das du, o Gott, in Jesus mir geschenkt.
Ich kann es weder fassen noch verstehen:
Du hast dein Leben doch in meins gesenkt.
Und jetzt und ewig bet ich an vor dir:
Mein Gott und König, alles bist du mir!

Psalm 77,13

Mein Erlöser lebt!

Ich weiß, dass mein Erlöser lebt,
vor dessen Sieg die Hölle bebt,
und ich darf mit ihm leben.
Er hat mich eins gemacht mit sich,
ich halte ihn und er hält mich.
Ihn will ich froh erheben.

Ich weiß, dass mein Erlöser lebt,
dass er mich aus dem Staub erhebt,
um seinen Sieg zu teilen.
Sein Fuß den Schlangenkopf zertrat,
sein Tod den Feind getötet hat,
um mich vom Tod zu heilen.

Ich weiß, dass mein Erlöser lebt!
Die Freude drob mein Herz durchbebt
und lässt die Seele singen.
Denn sein Triumph ist auch mein Sieg,
reißt mich heraus aus allem Krieg,
verleiht dem Glauben Schwingen.

Ich weiß, dass mein Erlöser lebt!
Ihr Himmel, ihm die Ehre gebt,
du Erde, dich verneige!
Mein Herze aber, halt es fest,
dass Jesus lebt und dich nicht lässt.
Anbetend vor ihm schweige.

Hiob 19,25

Wenn Gott nicht seinen Sohn gegeben

Wenn Gott nicht seinen Sohn gegeben
an unsrer statt in das Gericht –
wir wüssten nichts vom ewgen Leben
und ahnten Gottes Liebe nicht.

Der Himmel bliebe uns verschlossen
und unser Leben ohne Ziel,
wir wären ewig ausgestoßen,
kein Licht in unser Dunkel fiel.

Doch nun ist Gott uns nah gekommen,
in seinem Sohn sind wir geliebt,
vom Vater auf- und angenommen,
der uns durch Jesu Blut vergibt.

Was kann uns Gott noch Größres geben,
als was er uns geschenkt im Sohn,
der für uns starb, damit wir leben,
der für uns trug der Sünde Lohn?

Doch weil er nicht im Tod geblieben,
ist er nun für die Seinen da
und lehrt sie glauben, hoffen, lieben,
ist ihnen alle Tage nah.

Wie sollte da nicht unser Leben
ein Dank für solche Liebe sein?
Nimm glaubend, was er dir gegeben –
in Jesus ist der Himmel dein.

Römer 8,39

Am Kreuz hängt mein Leben

Ich schau dich an und sehe deine Hände
ans Kreuz genagelt, Herr, für meine Schuld.
Du starbst für mich, dass ich das Leben fände
und statt des Richters Zorn des Vaters Huld.

Ich schau dich an und seh den Blick der Liebe,
mit dem du noch um deine Mörder warbst.
Ich schau dich an und weiß nicht, wo ich bliebe,
wenn ich nicht wüsste, dass du für mich starbst.

Ich schau dich an und seh dich auferstanden,
seh dich als Sieger aus des Todes Nacht
hervorgehn und, befreit von allen Banden
der Finsternis, entfalten deine Macht.

Nur dich, den meine Seele liebt, anschauend,
vermag ich durchzuhalten bis ans Ziel.
Nur dir, der mich zuerst geliebt, vertrauend,
entrinne ich des Bösen Ränkespiel.

Ich freue mich, bis ich im hellen Lichte
der Ewigkeit dich sehe, wie du bist,
und dann von Angesicht zu Angesichte
dich dort zu sehn mir höchste Wonne ist.

Hebräer 12,2

Pfingstlied[*]

Weg aus aller halben Wahrheit,
weg aus Täuschung, Trug und Schein
ruft uns in die volle Klarheit
Jesus Christus selbst hinein.

Weg aus allen Dunkelheiten
will mit seinem Angesicht
er uns selbst den Weg bereiten
in sein sonnenhelles Licht.

Heller noch als tausend Sonnen
ist er selbst, das Licht der Welt,
und er will bei denen wohnen,
die sich in sein Licht gestellt.

Warum noch im Schatten leben,
weitergehn im alten Lauf?
Wag's, dich Jesus hinzugeben,
dann geht dir die Sonne auf.

---

[*] Für das Pfingstjugendtreffen 1963 geschrieben.

Herr, lass uns in Bewegung bleiben

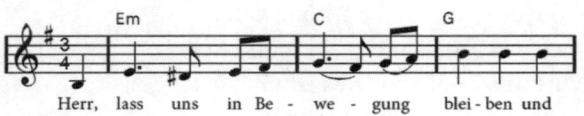

Herr, lass uns in Be - we - gung blei - ben und

ziel - ge - rich - tet vor - wärts gehn.

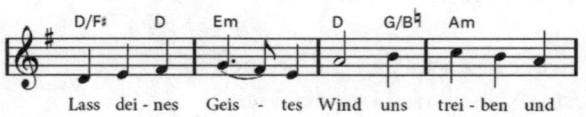

Lass dei - nes Geis - tes Wind uns trei - ben und

uns mit sei - ner Kraft durch - wehn.

Herr, lass uns in Bewegung bleiben
und zielgerichtet vorwärtsgehn.
Lass deines Geistes Wind uns treiben
und uns mit seiner Kraft durchwehn.

Herr, lass dein Feuer uns durchlichten
mit seiner Unbestechlichkeit.
Lass uns von deinem Geist durchrichten,
mach uns zum Weg ins Licht bereit.

Herr, lass zu neuen Glaubensschritten
uns deinem Geiste offen sein,
lass deine Gegenwart inmitten
der Schar, die du berufen, sein!

Herr, schenk den Wind, das Licht, das Feuer,
den Geist, der uns lebendig hält,
den Geist, der liebender und treuer
uns Zeichen sein lässt in der Welt.

dir gehen.
n Wort,
piel,
he und Hingabe
ns zu Menschen des Vertrauens.
kann uns das loslassen
; und von dir empfangen wir,
brauchen.
uen wir uns an.

5 Quellen der Freude

auf den
Wenn
so schön
Hört

Sprudelnde Freude

Mein Freudenquell, der nie versiegt,
mein Licht, das keiner Nacht erliegt,
mein Friede, den mir niemand nimmt,
mein Bergungsort, von Gott bestimmt,
mein Fels, wenn Sturm und Wellen drohn,
das ist mir Jesus, Gottes Sohn.

Mein Sieg liegt einzig nur darin,
dass ich in ihm geborgen bin.
Voll Gnade sieht der Vater an,
was einst der Sohn für mich getan.
Ein volles, freies, ewges Heil –
in Jesus ward es mir zuteil.

Die Freude, die mein Herz erfüllt,
in Dank und Lobpreis überquillt.
Dir jubelt meine Seele zu –
mein Herr und König bist nur du.
Von dir geliebt, erlöst, befreit
bin ich für ewig dir geweiht!

Furchtlos über den Abgrund

Mein Gott, ich frohlocke in dir
und freue mich in deiner Kraft!
Du hast über drohende Abgründe mir
die rettende Brücke geschafft.

Du machst mich den Hindinnen* gleich,
die furchtlos auf schwindelnden Höhn
in ihrem dem Himmel so nahen Bereich
auf sicheren Füßen hingehn.
* *poetisch für Hirschkuh*

Die Tiefen erschrecken mich nicht.
Ich schaue vertrauend empor,
und lachender, jubelnder Lobgesang bricht
aus preisender Seele hervor.

Habakuk 3,18.19

Gott loben macht froh

Refrain

Hal - le - lu - ja, hal - le - lu - ja,
— hal - le - lu - ja, preist den Herrn, preist den Her-
— ren. Hal - le - lu - ja, preist den Herrn,
— preist den Her - ren. Gott

Vers

lo - ben macht froh! Die dunk- len Ge-dan -ken ge -
ra - ten ins Wan- ken. Gott lo - ben macht froh.

Gott loben macht froh!
Die dunklen Gedanken
geraten ins Wanken.
Gott loben macht froh.

Gott loben macht frei
und hilft überwinden,
lässt Ängste verschwinden.
Gott loben macht frei.

Gott loben gibt Mut,
den Tag zu bestehen
und vorwärtszugehen.
Gott loben gibt Mut.

Gott loben macht reich,
hilft, ihm zu vertrauen
und auf ihn zu bauen.
Gott loben macht reich.

Gott loben ist gut,
bewahrt uns vor Schaden
auf steinigen Pfaden.
Gott loben ist gut.

Gott loben erschließt
lebendige Quellen,
und nichts wird dem fehlen,
der nah bei Gott ist.

Psalm 92,2

Ich kann nur anbeten

Deine Wunder und Gedanken,
Herr, mein Gott, wie sind sie groß!
Wollte ich davon erzählen,
blieb ich an den Säumen bloß.

Ehe du die Welt erschaffen,
hast du meiner schon gedacht,
den Erlösungsplan beschlossen
und den Kaufpreis festgemacht.

Deinen Willen auszuführen
sprach dein Sohn: Ich bin bereit!
Um das Opferlamm zu werden,
gab er auf die Herrlichkeit.

Gott, dein Wille ist nur Liebe,
Liebe, die sich selber gibt
und für meine Schuld sich opfernd
bis zum Tod am Kreuz mich liebt.

Deine Wunder und Gedanken
schaue ich anbetend an
und ergreife das im Glauben,
was mein Geist nicht fassen kann.

Psalm 40,6

Der ewige Gott

Der du das All regierst
voll Herrlichkeit und Macht,
du, dessen heilger Thron
umgeben ist von Pracht –
o Gott von Ewigkeit,
du, der da ist und war,
wir beugen uns
und bringen dir Anbetung dar.

Es leuchtet, Herr, dein Wort
durchs Dunkel unsrer Zeit
und lässt uns schaun den Lichtglanz
ewger Herrlichkeit.
Nichts, nichts ist von Bestand,
nein, alles muss vergehn,
allein, o ewger Gott,
dein Wort nur bleibt bestehn.

Indes die Zeit entflieht,
hält deine Hand uns fest,
die uns ergriff und uns
in Ewigkeit nicht lässt.
Ob alles Menschenwerk
wie Sand und Staub verweht –
dein Liebeswille bleibt,
solang dein Thron besteht.

Anbetung, Ruhm und Ehr,
o König, dir allein!
Wir stimmen in den Lobpreis
aller Engel ein.
Allmächtiger, du bleibst,
dich ändert keine Zeit;
du warst und bist
von Ewigkeit zu Ewigkeit.

Der Fels im Wandel der Zeit

Gott, du bleibst Gott! Ob auch die Welt
sich selbst auf alle Höhen stellt,
um sich dir zu versagen –
darf sich doch auf dem Erdenrund
bei Tag und Nacht zu jeder Stund
nur, was du willst, zutragen.

Gott, du bleibst Gott, und deine Hand
hat Erd und Himmel ganz umspannt
und hält auch mich geborgen.
Ich freue mich in deiner Hut,
hab's wie ein Kind beim Vater gut.
Du weißt für mich zu sorgen.

Gott, du bleibst Gott, du warst und bist,
und ewig ungebrochen ist
dein heilger Liebeswille.
Du führst zum Ziele deinen Plan,
schau ich dein göttlich Walten an,
bin ich getrost und stille.

Gott, du bleibst Gott in Ewigkeit,
der Fels im Wechsel aller Zeit,
der feststeht ohne Wanken.
Es kann, wer seinen sichern Stand
auf diesem ewgen Felsen fand,
anbeten nur und danken.

1. Könige 18,39

Der herrliche König

Herr Jesus, o König, du bist's, der uns liebt,
der aus seiner Fülle uns königlich gibt:
Licht, Leben und Freude, ein völliges Heil –
in dir, unserm Friedefürst, ward's uns zuteil.

Herr Jesus, o König, du bist unser Haupt!
Glückselig zu preisen ist, wer an dich glaubt.
Es hält deine Hand, deine treue, uns fest,
und niemals ein Glied du versäumst und verlässt.

Herr Jesus, o König, wir jauchzen dir zu.
Ja, Herrlicher, alles in allem bist du.
Und böte die Welt ihren Reichtum uns an,
so bleiben wir dennoch nur dir zugetan.

Herr Jesus, o König, du Rat, Kraft und Held,
der Himmel und Erde regiert und erhält,
das Größte von allem, was irgend du gibst,
ist doch nur das eine, dass du uns so liebst.

Der schützende König

In dir allein ist Ruh.
Geschützt in deinem Zelt,
Herr Jesus, Friedenskönig du,
gehn wir durch diese Welt.

Du bist ein Bergungsort
für alle, die dir traun.
Was uns verspricht, o Herr, dein Wort,
darf unser Glaube schaun.

Wie Well auf Welle eilt
vom Strom hinaus ins Meer,
geht unser Leben unverweilt
zur Ewigkeit, o Herr.

Doch leuchtet deine Gnad
hell in die dunkle Zeit
und legt auf unsern Erdenpfad
Licht aus der Herrlichkeit.

Bewahr uns nur in dir,
o Friedenskönig du,
denn jetzt und einst gelangen wir
in dir allein zur Ruh.

Der segnende König

König, der von seinem Throne
sich zu uns herniederneigt,
dass er bei und in uns wohne,
der uns Gnad um Gnad erzeigt –
wer kann je den Reichtum fassen,
der in dir uns aufgetan?
Herr, von dem wir nimmer lassen,
sieh uns dir anbetend nahn.

König, der die Hand erhoben,
uns zu segnen Tag und Nacht –
dir, den Erd und Himmel loben,
sei Ruhm, Ehre, Preis und Macht.
Du bist's, Herr, der Herz und Hände
uns mit seinen Gaben füllt,
dessen Segen ohne Ende
uns vom Thron der Gnade quillt.

König, der uns rief zum Leben,
aus dem Dunkel in das Licht,
der uns Heimatrecht gegeben
dort vor seinem Angesicht –
du führst auf dem Weg der Wahrheit
uns dem hohen Ziele zu,
da wir dich in ewger Klarheit
schauen, unser König du.

Er spricht für mich

Christus, du Gesalbter Gottes,
Christus, ewger Gottessohn,
Herr und König über alles,
eins mit Gott auf seinem Thron –
du hast, um des Vaters Willen
ohne Abstrich zu erfüllen,
den Gehorsamsweg beschritten
und den Tod am Kreuz erlitten.

Christus, du Gesalbter Gottes,
König über Gottes Reich,
König Himmels und der Erde,
König, dem sonst keiner gleich,
du, den Gott nach allem Leiden
mit dem Öl der höchsten Freuden
ausgezeichnet und geehret, –
du bist's, dem mein Herz gehöret.

Christus, du Gesalbter Gottes,
Hoher Priester und Prophet,
für die Deinen vor Gott stehend,
ihr Fürsprecher im Gebet –
hast dein Amt von Gott empfangen,
nachdem du am Kreuz gehangen,
aus dem Grab ans Licht gedrungen
und des Todes Macht bezwungen.

1. Petrus 3,18

Ich will mich freuen

Ich will mich freu-en des Herrn, denn er ist mein Licht und mein Heil. Ich will mich freu- en, freu-en des Herrn, denn er ist mein Trost, denn er ist mein Trost und mein Teil. Ei - ner nur kann Freu-de ge-ben, Freu-de, die dann auch noch bleibt, wenn sich rings -um Schat-ten he-ben, Dun-kel- heit das Licht ver- treibt.

Ich will mich freuen des Herrn,
denn er ist mein Licht und mein Heil.
Ich will mich freuen, freuen des Herrn,
denn er ist mein Trost und mein Teil.

Einer nur kann Freude geben,
Freude, die dann auch noch bleibt,
wenn sich ringsum Schatten heben,
Dunkelheit das Licht vertreibt.

Eines nur kann mich erfreuen,
dass mich mein Gott so sehr liebt,
dass er, um mich zu befreien,
sich in seinem Sohn mir gibt.

Nichts kann durch die Zeit mich tragen
als, Gott, die Freude an dir.
Sie hilft mir, den Weg zu wagen,
zu vertrauen heut und hier.

Niemand kann mich so erfreuen,
keiner ist so, Gott, wie du!
Freude strömt an jedem neuen
Tage meinem Herzen zu.

Gebet: Was du mir bist

Du bist das Brot, von dem ich lebe,
das Licht, das meine Nacht erhellt,
du bist der Weinstock, ich die Rebe,
der Hirte, der mich führt und hält.

Du bist die Tür zum Weg des Lebens
aus aller Ausweglosigkeit.
Hindurch geht keiner hier vergebens,
und keinen die Entscheidung reut.

Du bist der Weg zum Vaterherzen,
die Wahrheit, die mich frei gemacht,
das Leben, das aus Todesschmerzen
und Angst ins Weite mich gebracht.

Du bist das Lamm, das meine Sünden
geduldig auf das Fluchholz trug
und, mich der Strafe zu entbinden,
erlitten hat, dass Gott dich schlug.

Nun spricht am Thron des Vaters droben
in Ewigkeit dein Blut für mich.
Mit den Erlösten will ich loben
und lieben, meinen Heiland, dich.

dir gehen.
Wort,
niel,
Iie und Hingabe
js zu Menschen des Vertrauens.
ann uns das loslassen
und von dir empfangen wir,
rauchen.
uen wir uns an.

6 Lebensziel
und Lebenssinn

auf den
Wenn
so schön
Hört

Nur eines zählt

Ich weiß nur eins
und will nur eines wissen:
Ihm nach, der mich
aus Nacht und Not gerissen –
entschlossen geht mein Fuß!
Kein andrer Weg
vermag mir das zu geben,
was Jesus gab:
Er gab mir ewges Leben.
Ihm folg ich, weil ich muss.

Ich will nur eins:
In seiner Liebe bleiben
und ohne ihn
nicht durch die Tage treiben.
Nur Jesus ist mein Ziel!
Er sah mich an.
Sein Blick nahm mich gefangen.
Ich kann nie mehr
zur Ruhe nun gelangen,
ich tu denn, was er will.

Ich kann nur eins:
Mich von ihm halten lassen
und nichts als ihn
mit ganzer Kraft umfassen.
Nein, sonst vermag ich nichts.
Doch er, er kann
und wird mit heilgen Händen
das Werk, das er
in mir begann, vollenden.
Das weiß ich, er verspricht's!

Mein Lebensziel

Ich weiß von keiner Kostbarkeit,
die jener einen gleicht,
dass Gottes Liebe mich gesucht,
gefunden und erreicht.

Ich weiß von keinem größren Gut
als dem, dass Jesus Christ
vom Himmel auf die Erde kam
und mein Erlöser ist.

Ich weiß von keinem höhern Stand,
als Gottes Kind zu sein,
an seiner Vaterliebe mich,
ihn wiederliebend, freun.

Ich weiß von keinem Lebensziel,
das so voll Herrlichkeit,
so viel Erfüllung mir verspricht
und so viel Seligkeit.

Ich weiß und will sonst keinen Herrn
als Jesus nur allein,
von ihm geliebt, erlöst, befreit
bin ich und bleib ich sein.

Psalm 16,2

Der Ausweg aus der Schuld

Ich läge noch in Schuld und Not gefangen,
blind tastend nach dem Ausweg aus der Nacht,
in die mein böser Wille mich gebracht,
wärst du, mein Gott, nicht selbst
mich suchen gangen.

Und ob gleich Höll und Teufel um mich rangen –
du suchtest mich in meiner tiefen Nacht.
An deiner Liebe brach der Sünde Macht,
und dein Erbarmen hat mich fest umfangen.

Als ich's gewagt, die Augen aufzuschlagen,
da war der Himmel offen über mir,
und keine Wolke trennte mich von dir.

Du selbst hast alle meine Schuld getragen.
Nun steh ich in der Gnade hellem Licht
und bete an vor deinem Angesicht.

Jesaja 44,22

Licht und Heil – das brauche ich

Nun hab ich aus göttlicher Treue
durchwandert ein raumweites Stück.
Ich schaue mit dankbarem Herzen
auf vielerlei Gnade zurück.
Wie herrlich hat Gott mich geleitet,
stets ward seine Kraft mir zuteil,
ich rühme in seliger Freude:
Der Herr ist mein Licht und mein Heil.

Er hat mich auf göttliche Weise
so wunderbar immer geführt.
Ich hab in unzähligen Stunden
sein Nahesein tröstlich verspürt.
Zwar führte er oft in die Enge
und Wege, die dornig und steil,
doch immerdar konnte ich sagen:
Der Herr ist mein Licht und mein Heil.

So will ich auch weiterhin wandern,
solang es dem Vater gefällt.
Ich darf seine Hilfe erfahren
in dieser so stürmischen Welt.
Und wo ich auch gehe und stehe,
bleibt Gott stets mein Gut und mein Teil.
Mein Herz spricht voll Loben und Danken:
Der Herr ist mein Licht und mein Heil.

Psalm 27,1

Gesucht – gefunden!

Uns hat der treuste Hirte
gesucht in Not und Nacht
und unter tausend Schmerzen
zur Herde heimgebracht.

Es lösten seine Hände
mit Sanftmut und Geduld
uns aus dem Dorngeranke
von Sünde und von Schuld.

Er heilte unsre Wunden,
indem er für uns litt,
mit Hölle, Tod und Teufel
um seine Schafe stritt.

Von seinen Hirtenhänden
mahnt uns in Ewigkeit
das Zeichen seines Leidens,
durch das er uns befreit.

Nun führt zu Lebensbächen
der Hirte, der uns liebt,
wir freuen uns der Fülle,
die seine Hand uns gibt.

Sein sind wir, sein für immer,
der unser Leid gewandt,
als Schafe seiner Weide,
als Herde seiner Hand.

Psalm 95,7

Gebet

Was im Herzen tief verborgen,
Herr, mein Gott, beleuchte du.
All mein Denken, all mein Sorgen
deck mit deinem Frieden zu.

Du allein kannst all mein Sehnen
stillen, und auf dich allein
kann sich meine Seele lehnen.
Du willst Weg und Ziel mir sein.

Du allein weißt zu beleben.
Wenn mich deine Hand berührt,
kann ich mich getrost erheben,
weiß ich mich von dir geführt.

Nur in deinem heilgen Willen
kommt mein unruhig Herz zur Ruh.
Du weißt jeden Sturm zu stillen,
wunderbarer Heiland du.

Gebet um Führung

Hirte, lass mich heute gehen
auf dem Wege, den du führst,
lass mich deine Spuren sehen,
wo du mich auch leiten wirst.

Und ist meinem Blick verborgen
oft der übernächste Schritt,
will ich deshalb doch nicht sorgen.
Wo du gehst, da geh ich mit.

Auf des schmalen Pfades Mitte
lass mich bleiben, du, mein Hirt,
dass mein Fuß mit keinem Tritte
sich von deiner Spur verirrt.

Lass mich deine Stimme hören,
wenn der Abgrund nach mir greift
und mit ihren dunklen, schweren
Schwingen dumpfe Angst mich streift.

Lass mich weg von unten sehen,
ziehe meinen Blick allein
hin zu dir und hilf mir gehen,
um da, wo du bist, zu sein.

Johannes 10,27

Gebet für die kleinen Dinge

Herr, auf meinem kleinen Weg
hilf mir heute weitergehen
und nach deinen Spuren sehen
auf dem schmalen, steilen Steg.

Hilf mir, meinen kleinen Tag
eins mit dir, Herr, zu durchleben,
dir getrost mich hinzugeben,
was auf mich auch warten mag.

Lass die kleinen Schritte mich
in Geduld und Treue gehen,
dabei, Herr, zu dir aufsehen
und mich halten nah an dich.

Lass die kleinen Dinge mich
tun mit Liebe und mit Freude
und dir fröhlich dienen heute,
gerne da sein, Herr, für dich.

Von den kleinen Sorgen frei
lass mich deine Größe schauen
und dir unbeirrt vertrauen,
dass dein Weg der beste sei.

Da, wo du mich hingestellt,
lass als kleines Liebeszeichen
mich den anderen erreichen
mit der Liebe, die mich hält.

Jesaja 25,4

Bitte um Belebung

Mein Gott, wie ein verdorrtes Land,
verschmachtet, wüst und ausgebrannt,
schrei ich zu dir,
so wie der Hirsch nach Wasser schreit.
In Gnade und Barmherzigkeit
neig dich zu mir!

Neig dich zu mir! Sei wie der Tau,
der früh am Morgen Feld und Au
erquickt und tränkt.
Sei wie der Regen, der da ruft
der Saat, dem Halm, dem Blütenduft
und Früchte schenkt.

Neig dich zu mir! Belebe mich
nach deinem Wort, das bitt ich dich,
durch deinen Geist.
Gib Ströme auf das dürre Land
und Wasser auf den Wüstensand,
wie du verheißt.

Wie du verheißt – lass es geschehn,
mein Gott, erhöre du mein Flehn,
nicht lass ich dich,
du segnest denn dein Kind aufs Neu,
dass es gesegnet, fruchtbar sei.
So segne mich!

Psalm 42,2

In guten Händen

Dass ich in Gottes Händen bin,
gibt meinem Leben Ziel und Sinn;
denn nichts kann mir geschehen,
als was er selbst für mich geplant,
mag sich auch unter seiner Hand
die Töpferscheibe drehen.

Und wenn beim raschen Wirbel sich
im Tod verliert das eigne Ich,
die eignen Kräfte schwinden,
ist es mein Gott, der neu mich schafft
und der mich seines Lebens Kraft
in seiner Hand lässt finden.

Ein Klumpen Ton, nichts, gar nichts wert,
und doch geadelt und geehrt
von Gottes Meisterhänden!
Der mich erkor zum Eigentum,
wird auch zu seinem Preis und Ruhm
sein Werk an mir vollenden.

Nur ein Gefäß in Gottes Hand.
Doch sprudelt über seinen Rand,
was er dareingegeben.
Ehrt alles in mir ihn, nur ihn,
bin ich durch Gnade, was ich bin –
wie reich ist dann mein Leben.

Jeremia 18,6

Er wird's vollenden

Der Herr hat's begonnen,
er wird's auch vollenden,
drum halte getrost
deinem Meister nur still.
Vertrau seinen liebevoll
formenden Händen.
Ob's wohl oder weh tut –
er bringt dich ans Ziel.

Der Herr hat's begonnen,
er wird's auch vollenden.
Und ist's auch, als nähm er
dir jeglichen Glanz,
lass dennoch nur willig
dich drehen und wenden.
Ja, komm, überlass dich
dem Meister nur ganz.

Der Herr hat's begonnen,
er wird's auch vollenden.
Halt fest die Gewissheit,
die Jesus dir gibt.
Drum komm, überlass dich
nur ganz seinen Händen,
den Händen des Meisters,
der ewig dich liebt.

Jesaja 64,7

Gebet in Angst und Müdigkeit

Du bist da, mir so nah!
Ob ich es auch oft vergessen,
blind in meiner Angst gesessen,
sprachst du neu: »Es werde Licht!«,
und berührtest mein Gesicht.

Du bist da, mir so nah!
Hebst aus allen Müdigkeiten,
weißt Erquickung zu bereiten
und bei jedem neuen Schritt
sagst du zu: Ich gehe mit.

Du bist da, mir so nah!
Alle Tage, heut und morgen,
willst du selber für mich sorgen,
so verspricht dein Wort es mir.
Vater, ich vertraue dir.

Du bist da, mir so nah,
dass ich immer mit dir reden,
laut und leise zu dir beten
und dir alles sagen kann,
Vater, und du hörst mich an.

Du bist da, mir so nah!
Immer wirst du mich umfassen,
nie mich jemals fallen lassen.
Fest umschließt mich deine Hand,
deiner Liebe starkes Band.

Du bist da, mir so nah!
Sollte ich nicht auf dich schauen,
dir nicht ganz und gar vertrauen?
Angst und Sorgen gute Nacht!
Dank und Freude sind erwacht!

Philipper 4,5

Bitte um einen weiten Horizont

Herr, gib den Weitblick mir,
der alle Grenzen sprengt,
die meine Zuversicht
so oft schon eingeengt.

Herr, gib den Weitblick mir,
der durch den Horizont
der tauben Sinne schaut,
wo deine Allmacht thront.

Herr, gib den Weitblick mir,
der nicht am Gestern hängt
und den der nächste Tag
nicht heute schon bedrängt.

Herr, gib den Weitblick mir,
der zielgerichtet ist
und in der Tage Flucht
die Heimat nicht vergisst.

Herr, gib den Weitblick mir,
der aus der Not der Zeit
mit Freuden Ausschau hält
nach deiner Herrlichkeit.

2. Mose 33,18

dir gehen.
Wort,
piel,
ie und Hingabe
is zu Menschen des Vertrauens.
ann uns das loslassen
und von dir empfangen wir,
rauchen.
uen wir uns an.

7 Leitung und Führung

auf den
wenn
so schön
Hört

Feste Schritte

Dass du mich führst,
das festigt meine Schritte.
Dass du mich führst,
das gibt mir Kraft und Mut.
Das dank ich dir –
und das ist meine Bitte,
dass heut mein Herz
in deiner Führung ruht.

Wenn du mich führst,
dann weiß ich mich geborgen,
dann haben auch
die Nächte ihren Sinn.
Wenn du mich führst,
dann leg ich Angst und Sorgen
getrost in deine
starken Hände hin.

Weil du mich führst,
weiß ich, dass auch die Schmerzen
von deiner Liebe
abgewogen sind.
Weil du mich führst,
vertrau ich dir von Herzen
und bleibe bis ans Ziel,
mein Gott, dein Kind.

Psalm 78,53

Herr, lass deinen Weg mich wissen

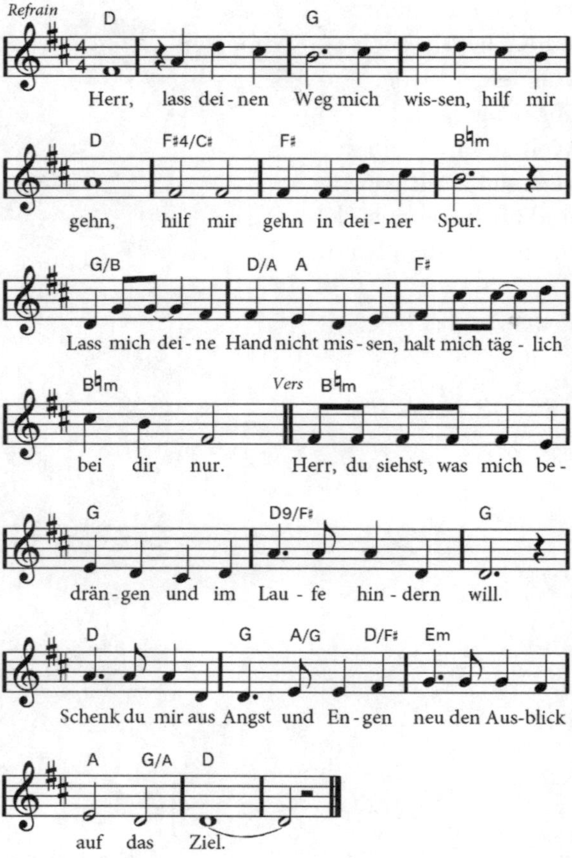
Refrain
D G
Herr, lass dei-nen Weg mich wis-sen, hilf mir
D F♯4/C♯ F♯ B♮m
gehn, hilf mir gehn in dei-ner Spur.
G/B D/A A F♯
Lass mich dei-ne Hand nicht mis-sen, halt mich täg-lich
B♮m Vers B♮m
bei dir nur. Herr, du siehst, was mich be-
G D9/F♯ G
drän-gen und im Lau-fe hin-dern will.
D G A/G D/F♯ Em
Schenk du mir aus Angst und En-gen neu den Aus-blick
A G/A D
auf das Ziel.

Herr, lass deinen Weg mich wissen,
hilf mir gehn in deiner Spur.
Lass mich deine Hand nicht missen,
halt mich täglich bei dir nur!

Herr, du siehst, was mich bedrängen
und im Laufe hindern will.
Schenk du mir aus Angst und Engen
neu den Ausblick auf das Ziel.

Lass mir in den Dunkelheiten
leuchten, Herr, dein Angesicht,
durch die Nächte mich begleiten
deines Wortes klares Licht!

Lass mich auf dem Weg erkennen
deine Macht und Herrlichkeit.
Für dich soll mein Herze brennen,
hingegeben allezeit.

Hilf den Glaubenskampf bestehen,
bis am Ziel ich angelangt,
wo dich die Erlösten sehen
und mein Mund dir ewig dankt.

Durch wilde Wetter

Wenn der Weg durch wilde Wetter
und durchs Dunkel führt,
wenn der Pfad im Ungewissen
scheinbar sich verliert,
kann nur eines wirklich trösten
und mir Kraft verleihn:
mitten in den Ungewittern
nah beim Hirten sein.

Wenn in Wolken sich und Nebel
gar kein Ausblick zeigt
und der grau verhangne Himmel
nur noch lastend schweigt,
macht die Spur des guten Hirten
meine Schritte fest,
der mich auf dem Weg nach Hause
nie alleine lässt.

Wenn der Abgrund, Dorn und Steine
immerfort nur drohn,
wenn die eignen Kräfte schwinden
und am Ende schon –
sind die Arme meines Hirten
meine Sicherheit,
und ich bin darin geborgen
bis in Ewigkeit.

Psalm 23,4

Mutig mit dir

Ich fasse Mut!
Du hast für mich gebeten.
Ich fasse Mut und tu den nächsten Schritt,
um neue Wege mit dir zu betreten.
Weil deine Hand mich festhält, geh ich mit.

Ich fasse Mut!
Du wollst das Fünklein schüren.
Ich fasse Mut und wag es zu vertraun.
Ein Wort von dir tut auf verschlossne Türen
und lässt mich neue Möglichkeiten schaun.

Ich fasse Mut!
Du hast dein Wort gegeben.
Ich fasse Mut und seh nicht mehr auf mich.
In dir, Herr Jesus, finde ich das Leben.
Drum fass ich Mut und stütze mich auf dich.

Ich fasse Mut!
Das Alte ist vergangen.
Ich fasse Mut und weih mich dir aufs Neu.
Was abgeschlossen und was angefangen,
in deine Hände übergeben sei.

Psalm 31,24

Vom Berg hinab ins Tal

Es wandern vom Berg der Verklärung
die Jünger mit Jesus zurück
und haben ein Leuchten vom Abglanz
der Herrlichkeit Jesu im Blick.

Sie wandern dem Tale entgegen
mit all seiner Last, seinem Leid.
Doch Jesus geht mit in die Tiefe,
er, dem sie ihr Leben geweiht.

Sie tragen ein seliges Wissen
vom Berg der Verklärung ins Tal.
Sie schauen im Wandern auf Jesus,
und keiner bereut seine Wahl.

Die Herrlichkeit Jesu im Herzen –
ja, das nur kann Seligkeit sein.
Lasst uns mit ihm gehn wie die Jünger
und schauen auf Jesus allein.

Matthäus 17,8.9

Du hast versprochen, mich zu hören

Du hast ver-spro-chen, mich zu hö-ren, drum
kom-me ich, mein Gott, zu dir und
brin-ge vor dich mein Be-geh-ren, so
nei-ge denn dein Ohr zu mir. Wo-hin sollt ich
mich sonst wen-den? Dein ist die Macht und
Herr-lich-keit. Al-les steht in dei-nen Hän-den:
Zeit und E-wig-keit. Al-les steht in
dei-nen Hän-den: Zeit und E-wig-keit.

Du hast versprochen, mich zu hören,
drum komme ich, mein Gott, zu dir
und bringe vor dich mein Begehren,
so neige denn dein Ohr zu mir.

Wohin sollt ich mich sonst wenden?
Dein ist die Macht und Herrlichkeit.
Alles steht in deinen Händen:
Zeit und Ewigkeit.

Für dich ist meine Not ein Kleines,
ein Kleines auch, mich zu befrein.
Von dir kommt Heil – ich weiß sonst keines,
zu helfen steht bei dir allein.

Lässt du mich aber weiter gehen
durchs dunkle Tal – sei du mein Licht,
lass mich den nächsten Schritt nur sehen,
bleib bei mir, wie dein Wort verspricht.

Das soll mein einziges Begehren
beim Wandern durch die Tiefe sein,
Gott, deinen Namen stets zu ehren
und festzuhalten: Ich bin dein!

Du bist ja mein, das ist das Größte,
was mir auf Erden werden kann.
Dass du mich lieb hast, ist das Beste.
So schweig ich nun und bete an.

Der beleuchtete Weg

Dein Wort ist Licht auf meinem Weg
und Leuchte meinem Fuß,
dass mich die Finsternis nicht schreckt,
durch die ich wandern muss.

Wenn ich auch keinen Schritt weit seh –
dein Wort den Weg erhellt.
Es richtet auf und macht mir Mut,
wenn Angst mich überfällt.

Ist auch der Weg oft schmal und steil,
und scheint das Ziel noch weit,
dein Wort beschenkt mit neuer Kraft
für jedes neue Heut.

An deiner Hand, auf deinem Weg,
geleitet durch dein Wort
bringst du mich selbst, Herr Jesus Christ,
zur ewgen Heimat dort.

Psalm 119,105

Keine Nacht kann uns festhalten

Noch kämpfen wir uns durch die Nacht
von Schuld und Leid, von Hass und Qual
und seufzen unter Satans Macht
im tiefen, dunklen Todestal.
Doch über uns der Morgenstern
verkündet hell den Sieg des Herrn.

Und ist das Dunkel noch so dicht,
das uns den nächsten Schritt verhüllt –
das letzte Wort Gott selber spricht,
wenn herrlich sich sein Plan erfüllt.
Hell strahlend schon der Morgenstern
verkündet uns den Tag des Herrn.

Drum machen wir die Herzen weit
für dich, du morgenfrohes Licht,
Wort Gottes, Glanz der Herrlichkeit,
das alle Dunkelheit durchbricht –
Herr Jesus, unser Morgenstern,
du sieghaft strahlend Licht des Herrn.

Wir bleiben nicht im Dunkeln stehn,
wir freuen uns auf Gottes Tag,
dem glaubend wir entgegengehn,
dass keine Nacht uns halten mag.
Du führst ins Licht uns, Morgenstern,
wir folgen froh dir, unserm Herrn.

2. Petrus 1,19

Du in der Mitte, Heiland und Gott

Mitten in unsere heillose Welt
kamst du, vom Vater als Heiland gesandt,
hast dich den Sündern zur Seite gestellt,
Gott offenbarend im Menschengewand.

Mitten in unsere heillose Angst
sprichst du dein Heilandswort: Fürchtet euch
nicht!
Teilst deinen Sieg, den du für uns errangst,
mit uns und rufst aus der Nacht in dein Licht.

Mitten in unsere Friedlosigkeit
kommst du und sprichst deinen Frieden uns zu,
bringst uns inmitten der Unrast der Zeit
in deiner Gegenwart, Heiland, zur Ruh.

Mitten in Krankheit, in Schmerzen und Leid
stehst du zur Seite mit helfender Hand,
holst aus den Tiefen der Sinnlosigkeit,
schenkst müden Füßen den sicheren Stand.

Mitten im Todestal bist du ganz nah,
gehst durch die reißenden Fluten voraus,
bist auch im äußersten Dunkel noch da
und bringst die Deinen ganz sicher nach Haus.

Du in der Mitte, mein Heiland und Gott,
das macht mich mutig und festigt den Schritt,
du bist der Sieger auch über den Tod,
nimmst mich ins Licht deiner Herrlichkeit mit.

2. Petrus 3,18

Jesu Hände

Und wär der Weg in tiefstes Dunkel eingehüllt,
ein hohes Wissen doch mein Herz erfüllt:
Es halten mich ja immer ohne Ende
Jesu Hände!

Stünd ich im Sturmeswehen hilflos, schwach
und klein,
erschwerte mir den Weg auch Dorn und Stein:
Es führen mich ja immer ohne Ende
Jesu Hände!

Und müsste ich durch wilde Wasserwogen gehn,
Raum fänden meine Füße nicht zu stehn,
so tragen mich ja immer ohne Ende
Jesu Hände!

dir gehen.
n Wort,
piel,
ve und Hingabe
is zu Menschen des Vertrauens.
ann uns das loslassen
, und von dir empfangen wir,
brauchen.
uen wir uns an.

8 Jesus – Name über allen Namen

auf den
Wenn
so schön
Hört

Jesus unser Retter

Jesus – Name aller Namen,
Jesus – Retter aus dem Tod,
Gottes Antwort, Gottes Amen
auf den Schrei aus Nacht und Not.
Jesus – Inbegriff der Liebe,
die aus Gottes Herzen fließt,
du bist's, der aus freiem Triebe
für uns Mensch geworden ist.

Jesus – Retter aus den Tiefen
unserer Verlorenheit,
die wir fort vom Vater liefen.
Du bist voll Barmherzigkeit
aus des Vaters Schoß gekommen,
hast auch meine Last und Schuld
mit hinauf ans Kreuz genommen
in unendlicher Geduld.

Jesus – Retter, dir dem Einen
sei Anbetung dargebracht.
Außer dir hat Gott ja keinen
dieser Welt zum Heil gemacht.
Bis in alle Ewigkeiten
bleibst du, Jesus, all mein Preis.
Seligkeit der Seligkeiten,
dass ich deinen Namen weiß.

2. Petrus 1,2

Mein ganzer Reichtum

Jesusname, einzig einer,
dessen Ruhm kein Lob erreicht,
Name, dem auf Erden keiner
je an Macht und Ehren gleicht,
Name, der mein Ein und Alles,
der mein ganzer Reichtum ist –
du, der Tilger meines Falles,
dich anbet ich, Jesus Christ.

Jesusname, wunderbarer,
den der ganze Himmel preist,
Name, der in leuchtend klarer
Helle auf den Vater weist,
Name, der voll Macht und Gnade,
der die Liebe selber ist
und ins Licht taucht meine Pfade –
dich anbet ich, Jesus Christ.

Jesusname, der die Ketten
aller Hartgebundnen sprengt,
der da weiß, vom Tod zu retten,
Name du, der Leben schenkt,
Name, der schon hier auf Erden
meiner Seele Himmel ist,
drin will ich erfunden werden,
dich anbet ich, Jesus Christ.

Jesusname, ewig gleicher,
überdauernd jede Zeit,
du, an Kraft und Fülle reicher
Träger aller Herrlichkeit,
dem von Gott der Thron verliehen
und das Reich gegeben ist –
dir zu Füßen lass mich knien
und anbeten – Jesus Christ.

Philipper 2,9

Tief ins Herz geschrieben

Nach Gottes wunderbarem Rat
hat seine Liebe, seine Gnad
allein in Jesu heilgem Namen
ihr A und O, ihr Ja und Amen.
Drum soll dein Name nur allein
mir tief ins Herz geschrieben sein.

O Name, du voll Sieg und Kraft,
du Losung meiner Pilgerschaft.
Du Fels und Hort im Sturm der Zeiten,
du bleibst in alle Ewigkeiten
derselbe, der da ist und war:
erhaben, herrlich, wunderbar.

O Jesusname, du, nur du
bist meines Herzens tiefe Ruh,
der dunkle Weg wird vor dir helle.
Es schweigen Sturm und Meereswelle
vor dir, der über Raum und Zeit
entfaltet seine Herrlichkeit.

dir gehen.
n Wort,
piel,
e und Hingabe
ns zu Menschen des Vertrauens.
kann uns das loslassen
; und von dir empfangen wir,
brauchen.
uen wir uns an.

9 Ewigkeit –
Herrlichkeit

auf den
Wenn
so schön
Hört

Hilf uns!

Die wir stehn im Weltgetriebe,
eingespannt ins Rad der Zeit,
schenk uns, Vater, deiner Liebe
Tröstung und Geborgenheit.

Hilf uns mitten im Gedränge
bleiben unter deiner Hut,
stärk, bei aller Feinde Menge,
uns im Blick auf dich den Mut.

Hilf uns gnädig durch die Wirren
einer abgefallnen Welt,
dass wir nicht von dir abirren,
birg uns unter deinem Zelt.

Vor des Bösen Pfeilen breite
schützend eine Decke aus,
eingehüllt in dich geleite
deine Kinder, Herr, nach Haus.

Psalm 105,39

Es kommt der Tag

So wie die Wolke dich einst weggenommen,
vor deiner Jünger Augen dich verhüllt,
wirst du auch mit den Wolken wiederkommen,
so wahr dein Wort, o König, sich erfüllt.

Es kommt der Tag, da werden wir inmitten
der Wolke deiner Herrlichkeit dich sehn.
Dann wird sich in Anbetung unser Bitten
verwandeln und in Lobpreis unser Flehn.

Dies Wissen lässt uns froh und kühn vertrauen:
Es kommt der Tag, da die Verhüllung fällt,
da wir mit Jauchzen in dein Antlitz schauen
und dir zu Füßen liegt die ganze Welt.

Dein Tag – er kommt und endet alles Bangen,
das uns durchs Tränental begleiten will.
Wir schauen dir entgegen mit Verlangen.
Komm bald, Herr Jesus, und bring uns ans Ziel.

Offenbarung 1,7

Ewigkeit – Herrlichkeit!

Ewigkeit – Herrlichkeit!
Der für uns am Kreuz gelitten,
hat dies Ziel für uns erstritten:
Herrlichkeit in Ewigkeit.

Ewigkeit – Gottes Zeit!
Wenn wir an der Schwelle stehen,
dürfen wir den Vater sehen;
ganz daheim in Ewigkeit.

Ewigkeit – ewges Heut!
Welch ein Glanz wird uns umfangen,
wenn wir endlich angelangen.
Ungetrübte Seligkeit.

Ewigkeit – ewge Freud!
Alles, was in Erdentagen
wir an Last und Leid getragen,
ist vorbei in Ewigkeit.

Gottes Zeit – Ewigkeit!
Stehen wir an deinen Säumen,
wird uns sein, als ob wir träumen,
lichterfüllte Ewigkeit.
Gottes Zeit – Ewigkeit.

Lass mir das Ziel vor Augen bleiben

Lass mir das Ziel vor Augen bleiben,
zu dem du mich berufen hast.
Lass nicht aus deiner Spur mich treiben
des Weges Länge oder Last.

Bin ich versucht, auf mich zu schauen
und nicht mehr auf das Ziel zu sehn,
hilf mir, aufs Neue im Vertrauen
auf deinen Sieg voranzugehn.

Dir will ich auf dem Wege singen,
weil du mir Mut und Freude gibst.
Du selber wirst ans Ziel mich bringen,
weil du, mein Jesus, mich so liebst.

Dort werden alle Dämmerungen
und alle Nächte dieser Zeit
in alle Ewigkeit verschlungen
vom Lichtglanz deiner Herrlichkeit.

Keine Zeitverschwendung

Die noch übrige Zeit –
wie viel wird es sein?
Lass sie mich, mein Gott,
für dich leben.
Die noch übrige Zeit –
dir sei sie allein
von ganzem Herzen
gegeben.

Die noch übrige Zeit!
Wie kostbar ist sie!
Lass mich sie nur füllen
mit Treue.
Die noch übrige Zeit –
dass ich sie doch nie
mit treulosem Undank
entweihe.

Die noch übrige Zeit –
ich nehme sie an,
sie ist dein Geschenk,
deine Gabe.
Die noch übrige Zeit,
mein Vater, ich kann
nur danken dir, dass ich
sie habe.

1. Petrus 4,2

Mein letzter Tag?

Was würd ich tun, wär heut mein letzter Tag?
Ich wollte dich, mein Heiland, nicht betrüben,
ganz für dich da sein und dich herzlich lieben –
dein sein bis hin zum letzten Stundenschlag.

Was würd ich tun, wär heut mein letzter Tag?
Mit aller Last mich unterm Kreuz verbergen,
dich bitten, dass von allen toten Werken
dein teures Blut mich völlig rein'gen mag.

Was würd ich tun, wär heut mein letzter Tag?
Dir für die Liebe und die Treue danken,
die mich getragen, ohne je zu wanken,
weil ich dir lebenslang am Herzen lag.

Was würd ich tun, wär heut mein letzter Tag?
Wenn ich noch könnt, von deiner Liebe sagen,
um Mut zu machen, es mit dir zu wagen,
was immer auch das Leben bringen mag.

So will ich denn an jedem Erdentag,
als ob's der letzte sei, ganz für dich leben,
ganz dir vertrauen und mich ganz dir geben,
als käm er heut, der letzte Stundenschlag.

Hebräer 3,14

Das große Versprechen

Du hast versprochen, dass du kommst,
und darum warten wir.
Wir wissen Tag und Stunde nicht,
doch wir vertrauen dir.

Du gabst dein Wort. Das ist genug,
wird auch die Zeit uns lang
und wird darüber uns das Herz
auch manchmal müd und bang.

Dein Wort ruft uns zur Wachsamkeit,
scheucht uns vom Schlafe auf.
Vergib uns, Herr, die Müdigkeit,
stärk uns im Glaubenslauf.

Dein Tag kommt doch, das ist gewiss.
Was wir noch nicht verstehn,
das werden wir vielleicht schon bald
in deinem Lichte sehn.

Bereit sein

Wann kommt der Tag, der Jesus wiederbringt?
Wann tritt er seine Königsherrschaft an?
Wann endlich bricht sein ewges Reich sich Bahn,
das unsrer armen Erde Frieden bringt?

Die Zeichen mehren sich, die er genannt,
sodass wir wissen können: Er kommt bald
und wird beenden Terror und Gewalt,
in die der Mensch sich ohne Gott verrannt.

In allen Wirren unsrer dunklen Zeit,
wo man selbstherrlich Gott beiseiteschiebt
und ohne Scheu das Böse tut und liebt –
nur Gott den Seinen festen Stand verleiht.

Vernehmbar ruft sein Wort: »Macht euch bereit!
Schaut auf! Ich komme und mein Lohn mit mir.
Stellt euch entschlossen unter mein Panier!«
Nehmt ihn beim Wort, sein Tag ist nicht mehr
weit.

1. Thessalonicher 1,10

Nach Hause kommen

Sterben heißt zum Vater gehen,
Jesu Hände fest zu fassen
und sich von ihm halten lassen,
endlich, endlich Jesus sehen.

Sterben heißt nach Hause kommen,
alles Leid und alle Leiden
einzutauschen gegen Freuden,
aller Not und Last entnommen.

Sterben heißt am Ziel anlangen,
und nach allen Wanderwegen
kommt der Vater mir entgegen,
um daheim mich zu empfangen.

Philipper 1,21

dir gehen.
in Wort,
spiel,
be und Hingabe
ns zu Menschen des Vertrauens.
kann uns das loslassen
; und von dir empfangen wir,
brauchen.
auen wir uns an.

10 Unter Gottes Segen

auf den
Wenn
so schön
Hört

Er mache eure Herzen froh

Je-sus Chris-tus ver-leih euch sei-ne Gna-de. Er ma-che eu-re Her-zen froh und eu-ren Weg ge-ra-de. Er ma-che eu-re Her-zen froh, eu-re Her-zen froh. Er ge-be euch, was ihr be-dürft, er-hö-re eu-re Bit-ten, er-fül-le euch mit Mut und Kraft bei al-len eu-ren Schrit-ten. Je-sus

Jesus Christus verleih euch
seine Gnade.
Er mache eure Herzen froh
und euren Weg gerade.

Er gebe euch, was ihr bedürft,
erhöre eure Bitten,
erfülle euch mit Mut und Kraft
bei allen euren Schritten.

Ob manche Last auch drücken mag,
die Gnade hilft sie tragen
und durch die Leiden dieser Zeit
den Weg der Treue wagen.

So sei die Gnade unsres Herrn
mit euch an jedem Heute
und fülle eure Herzen stets
mit Frieden und mit Freude.

Geliebt!*

Du bist geliebt – von Gott geliebt!
Er hat dir's zugesprochen
und hat nie, was er zugesagt,
veruntreut und gebrochen.

Du bist geliebt – von Gott geliebt,
noch ehe du ihn kanntest
und von der Liebe, die dir gilt,
noch keinen Schimmer ahntest.

Du bist geliebt – von Gott geliebt,
nicht weil du es verdientest,
nein, weil es seine Liebe will,
dass du nach Hause findest.

Du bist geliebt – von Gott geliebt,
der uns den Sohn gegeben,
damit er uns den Vater zeigt
und ruft zum ewgen Leben.

Du bist geliebt – von Gott geliebt,
ist das nicht Grund zur Freude?
Dass diese Freude mit dir geht,
wünsch ich dir nicht nur heute.

Johannes 16,27

---

* Dies ist das letzte Gedicht, das die Dichterin
  mit 89 Jahren verfasste.

Segensreich

Gott segne dich an diesem Tag
mit Frieden und mit Freude.
Was immer dir begegnen mag –
sein Segen dich begleite.

Gott schütze und bewahre dich
auf allen deinen Wegen,
und über dir entfalte sich
sein voller, reicher Segen.

Wer weiterschenkt, was Gott ihm gibt,
wird immer neu erleben:
So sehr bin ich von Gott geliebt,
so reich macht mich sein Segen.

Welch ein Wunder, dass ich mit Gott reden kann

Welch ein Wunder, dass ich mit Gott reden kann!
Welch ein Wunder! Gott hört mich
und mein Beten an.
Gott hört mich, welch ein Wunder!

Wie ein Kind dem Vater
darf ich dem Höchsten nahn.
In dem Namen Jesu
nimmt er mich gnädig an.

Jede Herzensregung,
ob Freude oder Leid,
Angst, Vertrauen, Sorge:
Mein Gott hat für mich Zeit.

Ob ich still vor ihm bin
und ganz ihm zugewandt,
ob ich aus der Arbeit
nun aufheb Herz und Hand:

Er ist da und hört mich.
Er schickt mich niemals fort,
tröstet, mahnt, ermutigt
mich täglich durch sein Wort.

Gott, deine Gnade tröstet mich

Gott, dei - ne Gna - de trös - tet mich und füllt mein Herz mit Freu - de, legt auch so man-cher Ne - bel sich auf mei - ne See - le heu - te.

Refrain: Gott trös - tet mich, ——— Gott trös - tet mich. Gott trös - tet mich, ——— Gott trös - tet mich.

Gott, deine Gnade tröstet mich
und füllt mein Herz mit Freude,
legt auch so mancher Nebel sich
auf meine Seele heute.
Gott tröstet mich.

Gott, deine Gnade tröstet mich
und lässt mich vorwärtsgehen,
vermag die nächsten Schritte ich
auch nicht zu übersehen.
Gott tröstet mich.

Gott, deine Gnade tröstet mich
in Tälern voller Schatten.
Vertrauend lehn ich mich auf dich,
will meine Kraft ermatten.
Gott tröstet mich.

Gott, deine Gnade tröstet mich.
Du heißt mich zu dir kommen,
und auf dein Wort hin komme ich
und weiß mich angenommen.
Gott tröstet mich.

Gott ist für mich

Gott ist für mich!
Das ist mein tiefes Glück.
Ich hab sein Wort,
das nimmt er nicht zurück.

Gott ist für mich!
Er gab den eignen Sohn
dahin ans Kreuz,
damit er mich verschon.

Gott ist für mich!
Ich bin von ihm geliebt,
der lebenslang
mir Gnad um Gnade gibt.

Gott ist für mich!
Er lässt mich nicht allein!
Das hilft mir froh
und zuversichtlich sein.

Gott ist für mich!
Ich weiß, ich bin geführt
von ihm, der selbst
ans Ziel mich bringen wird.

Nichts kann mich scheiden
von der Liebe Gottes,
die in Christus Jesus ist,
unserem Herrn.

Anhang

Alphabetisches Verzeichnis mit Liederbuchangaben

Schlüssel für die Liederbuchangaben

EG   *Evangelisches Gesangbuch*, Württemberg 1996

DQ   *Chorbuch DIE QUELLE 1993 (Frauenchor)* 1993

IWDD   *Ich will dir danken,* Lieder für die Gemeinde 1991

FuL   *Feiern und Loben,* Gemeindelieder 2003

JuF   *Jesus unsere Freude,* Gemeinschaftsliederbuch 1995

JN   *Jesu Name nie verklinget* Band 1-5

NL   *Neue Lieder*, Liederbuch der Aidlinger Schwesternschaft, 1965

Bibelstellenverzeichnis

Bezugsquellen für Liedsätze und Audiodateien der Lieder

www.musical-aidlingen.de

Kontakt für Liedanfragen

Diakonissenmutterhaus Aidlingen
Sr. Christel Schröder
LIEDRECHTE
Darmsheimer Steige 1
71134 Aidlingen
musical-aidlingen@web.de

Heidemarie Führer

Die Frau, die in kein Schema passt

Christa von Viebahn –
Die Gründerin der Aidlinger
Schwesternschaft

Gebunden, 14 x 21,5 cm, 288 Seiten
Nr. 395.566, ISBN 978-3-7751-5566-3

Aufregung in Stettin! Mit 34 Jahren verlässt die Generalstochter Christa von Viebahn ihr Elternhaus, um mit einer Freundin nach Stuttgart zu ziehen. Völlig selbstständig organisiert sie dort eine seelsorgerliche und missionarische Arbeit unter Frauen und Mädchen. Mit 56 Jahren gründet sie das Diakonissenmutterhaus in Aidlingen, obwohl sie finanziell am Rande des Bankrotts steht. Ihr Glaube wird belohnt.

*Bitte fragen Sie in Ihrer Buchhandlung nach
diesen Büchern!
Oder schreiben Sie an: SCM Hänssler,
D-71087 Holzgerlingen;
E-Mail: info@scm-haenssler.de;
Internet: www.scm-haenssler.de*

Eric Metaxas (Hrsg.)

Leben in der Nachfolge

Texte von Dietrich Bonhoeffer

Gebunden, 13,5 x 20,5 cm, 256 Seiten
Nr. 395.719, ISBN 978-3-7751-5719-3

Dietrich Bonhoeffer gilt als einer der bedeutendsten
Theologen des zwanzigsten Jahrhunderts. Seine scharf-
sinnig formulierten Gedanken über die Grundlagen
des Glaubens, seine mutigen Einsichten über Antise-
mitismus und Fremdenhass: In diesen Tagen gewinnen
sie ganz neu an Aktualität.
Bonhoeffer-Experte und Bestsellerautor Eric Metaxas
hat eine Auswahl von Bonhoeffers zentralen Texten
zusammengestellt.

*Bitte fragen Sie in Ihrer Buchhandlung nach
diesen Büchern!
Oder schreiben Sie an: SCM Hänssler,
D-71087 Holzgerlingen;
E-Mail: info@scm-haenssler.de;
Internet: www.scm-haenssler.de*